şcoală - okul	2
călătorie - seyahat	5
transport - ulaşım	8
oraş - şehir	10
peisaj - arazi	14
restaurant - restoran	17
supermarket - süpermarket	20
băuturi - içecekler	22
mâncare - yemek	23
gospodărie ţărănească - çiftlik	27
casă - ev	31
cameră de zi - oturma odası	33
bucătărie - mutfak	35
baie - banyo	38
camera copiilor - çocuk odası	42
îmbrăcăminte - kıyafet	44
birou - ofis	49
economie - ekonomi	51
ocupaţii - meslekler	53
instrumente - aletler	56
instrumente muzicale - müzik enstrümanı	57
grădină zoologică - hayvanat bahçesi	59
sport - sporlar	62
activităţi - etkinlikler	63
familie - aile	67
corp - vücut	68
spital - hastane	72
urgenţă - acil	76
pământ - dünya	77
ceas - saat	79
săptămână - hafta	80
an - yıl	81
forme - şekiller	83
culori - renkler	84
antonime - zıt anlamlılar	85
cifre - sayılar	88
limbi - diller	90
cine/ce/cum - kim / ne / nasıl	91
unde - nerede	92

Impressum
Verlag: BABADADA GmbH, Nedderfeld 112 , 22529 Hamburg
Geschäftsführer / Verlagsleitung: Harald Hof
Druck: Books on Demand GmbH, In de Tarpen 42, 22848 Norderstedt

Imprint
Publisher: BABADADA GmbH, Nedderfeld 112 , 22529 Hamburg, Germany
Managing Director / Publishing direction: Harald Hof
Print: Books on Demand GmbH, In de Tarpen 42, 22848 Norderstedt

sală de clasă
sınıf

a împărți
böl

186 / 2

tablă
tahta

curte a școlii
okul bahçesi

profesor
öğretmen

hârtie
kağıt

a scrie
yazmak

instrument de scris
kalem

ă de birou
musa

riglă
cetvel

carte
kitap

elev
öğrenci

ghiozdan
okul çantası

penar
kalemlik

creion
kurşun kalem

ascuțitoare
kalem açacağı

radieră
silgi

bloc de desen
çizim defteri

desen

çizim

pensulă

resim fırçası

cutie de acuarele

boya kutusu

foarfece

makas

lipici

tutkal

caiet de exerciţii

alıştırma kitabı

temă

ödev

număr

sayı

a aduna

ekle

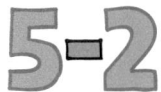

a scădea

çıkar

a multiplica

çarp

a calcula

hesapla

literă

harf

alfabet

alfabe

cuvânt

kelime

text

metin

a citi

okumak

cretă

tebeşir

oră

ders

catalog

kayıt

examen

sınav

certificat

sertifika

uniformă şcolară

okul forması

educaţie

eğitim

enciclopedie

ansiklopedi

universitate

üniversite

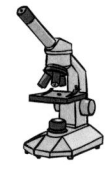

microscop

mikroskop

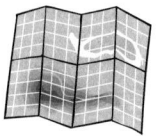

hartă

harita

coş de gunoi

kağıt çöp kutusu

călătorie
seyahat

hotel
otel
Grand
hostel
pansiyon
ROOMS
CHANGE
casă de schimb valutar
döviz bürosu
valiză
bavul
autovehicul
otomobil

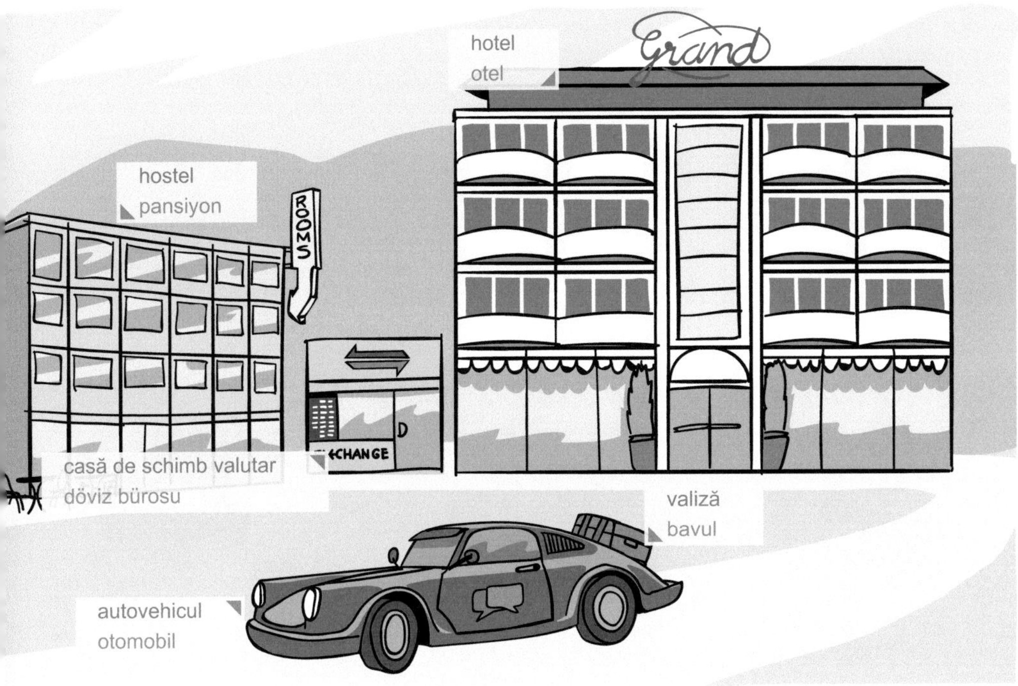

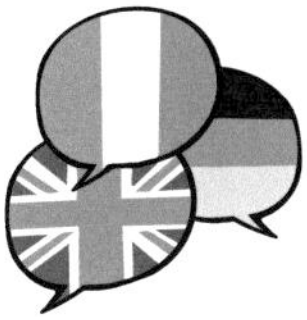

limbă
dil

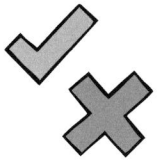

da/nu
evet / hayır

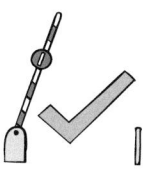

okay
Tamam

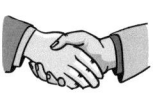

Bună!
merhaba

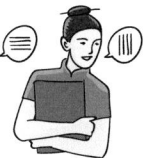

interpret
çevirmen

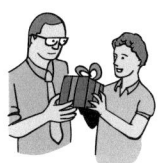

mulțumesc
Teşekkür ederim

Cât costă...?

bu ... ne kadar?

Nu înțeleg

anlamadım

problemă

problem

Bună seara!

İyi akşamlar!

Bună dimineața!

Günaydın!

Noapte bună!

İyi geceler!

la revedere

güle güle

direcție

yön

bagaj

bagaj

geantă

çanta

rucsac

sırt çantası

oaspete

misafir

cameră

oda

sac de dormit

uyku tulumu

cort

çadır

unct de informare turistică

turist danışma

plajă

sahil

carte de credit

kredi kartı

mic dejun

kahvaltı

masa de prânz

öğle yemeği

cină

akşam yemeği

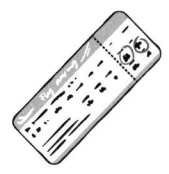

bilet de călătorie

Bilet

lift

asansör

timbru poştal

pul

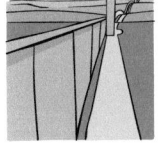

graniţă

sınır

vamă

gümrük

ambasadă

elçilik

viză

vize

paşaport

pasaport

călătorie - seyahat

transport
ulaşım

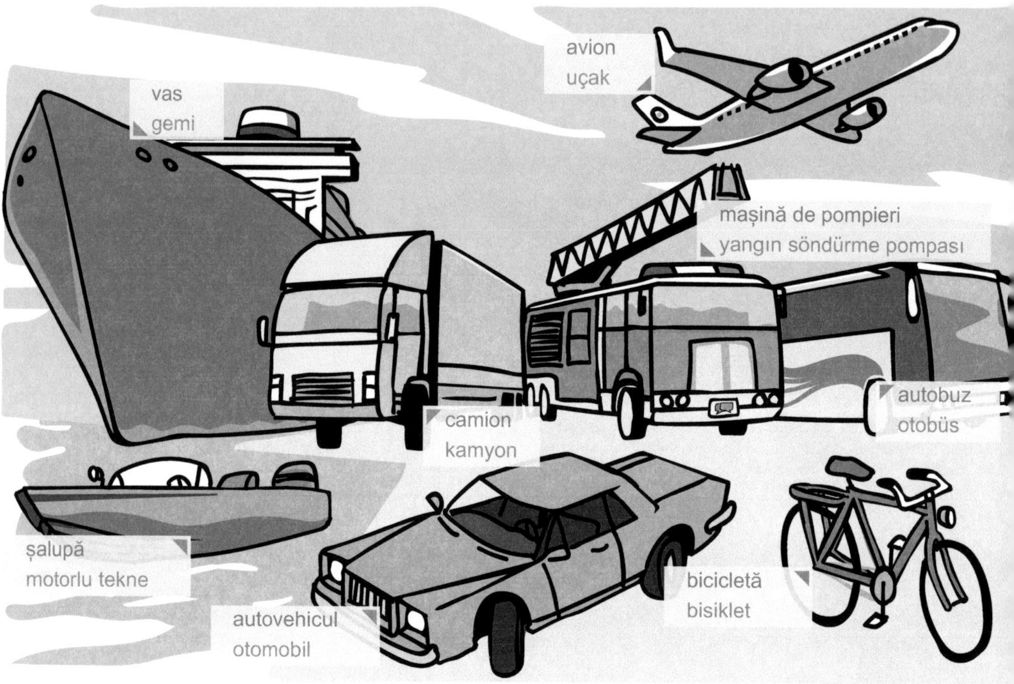
avion
uçak
vas
gemi
mașină de pompieri
yangın söndürme pompası
camion
kamyon
autobuz
otobüs
șalupă
motorlu tekne
autovehicul
otomobil
bicicletă
bisiklet

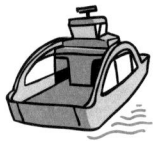

feribot

feribot

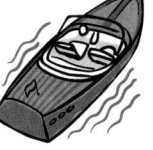

barcă

bot

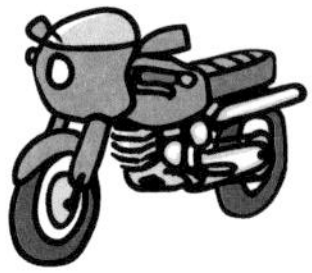

motocicletă

motosiklet

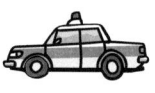

mașină de poliție

polis arabası

mașină de curse

yarış arabası

mașină închiriată

kiralık araba

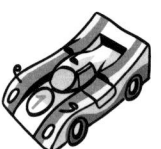

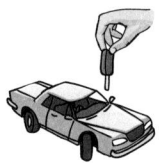

car sharing

ortak araba

mașină de tractat

çekici

mașină de gunoi

çöp kamyonu

motor

motor

combustibil

yakıt

benzinărie

benzinlik

semn de circulație

trafik işareti

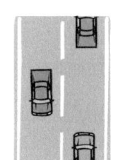

trafic

trafik

ambuteiaj

trafik sıkışıklığı

parcare

otopark

gară

tren istasyonu

șine

ray

tren

tren

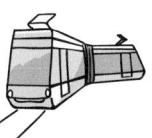

tramvai

tramvay

vagon

vagon

elicopter

helikopter

aeroport

havaalanı

turn

kule

pasager

yolcu

container

konteyner

carton

koli

căruţă

yük arabası

coş

sepet

a decola/a ateriza

kalkış / iniş

oraş
şehir

sat

köy

centru

şehir merkezi

casă

ev

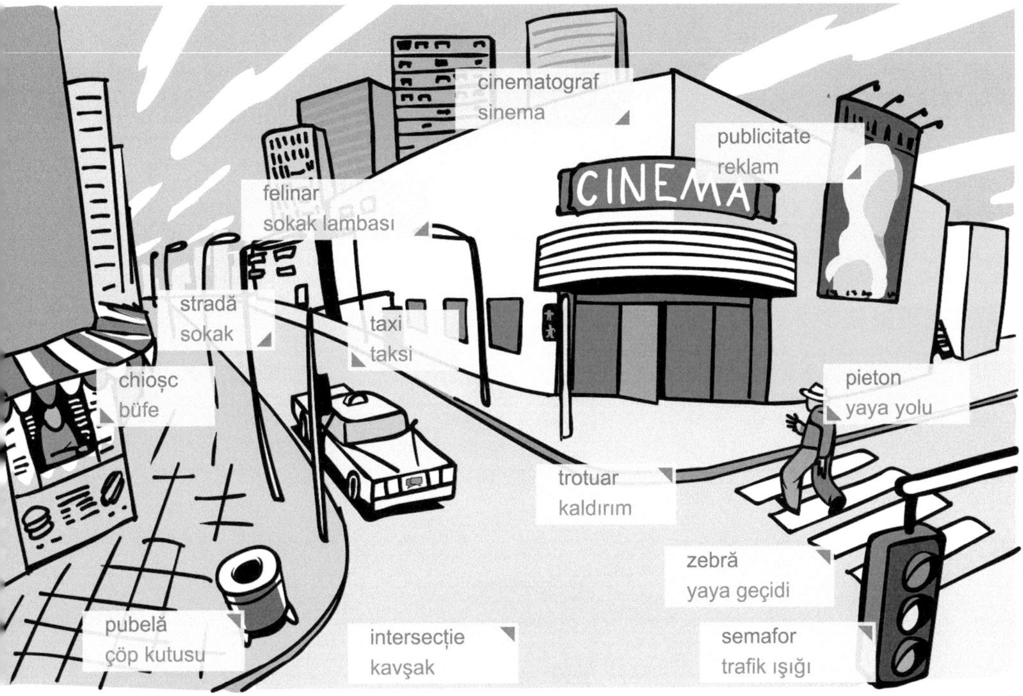

cinematograf
sinema

publicitate
reklam

felinar
sokak lambası

strada
sokak

taxi
taksi

chioşc
büfe

pieton
yaya yolu

trotuar
kaldırım

zebră
yaya geçidi

pubelă
çöp kutusu

intersecţie
kavşak

semafor
trafik ışığı

CINEMA

cabană

kulübe

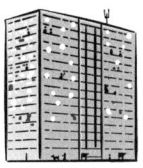

apartament

apartman dairesi

gară

tren istasyonu

primărie

belediye binası

muzeu

müze

şcoală

okul

universitate

üniversite

bancă

banka

spital

hastane

hotel

otel

farmacie

eczane

birou

ofis

librărie

kitapçı

magazin

mağaza

florărie

çiçekçi

supermarket

süpermarket

piață

market

magazin universal

büyük mağaza

comerciant de pește

balık satıcısı

centru comercial

alışveriş merkezi

port

liman

parc

park

bancă

bank

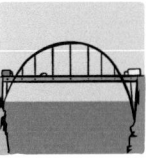

pod

köprü

trepte

merdiven

metrou

metro

tunel

tünel

stație de autobuz

otobüs durağı

bar

bar

restaurant

restoran

cutie poștală

posta kutusu

tăbliță indicatoare cu
numele străzii

sokak tabelası

parcometru

otopark sayacı

grădină zoologică

hayvanat bahçesi

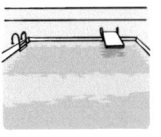

piscină

yüzme havuzu

moschee

cami

gospodărie țărănească

çiftlik

poluare

kirlilik

cimitir

mezarlık

biserică

kilise

loc de joacă

oyun alanı

templu

tapınak

peisaj
arazi

frunză
yaprak

indicator
yön tabelası

drum
yol

pajişte
çayır

piatră
taş

copac
ağaç

drumeț
yürüyüşçü

râu
ırmak

iarbă
çimen

floare
çiçek

vale

vadi

deal

tepe

lac

göl

pădure

orman

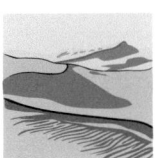

deșert

çöl

vulcan

volkan

castel

kale

curcubeu

gökkuşağı

ciupercă

mantar

palmier

palmiye

țânțar

sivrisinek

muscă

sinek

furnică

karınca

albină

arı

păianjen

örümcek

gândac

böcek

broască

kurbağa

veveriţă

sincap

arici

kirpi

iepure

yabani tavşan

bufniţă

baykuş

pasăre

kuş

lebădă

kuğu

porc mistreţ

yaban domuzu

cerb

geyik

elan

geyik

dig

baraj

turbină eoliană

rüzgar türbini

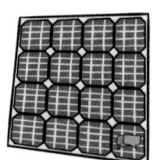

panou solar

güneş paneli

climă

iklim

restaurant
restoran

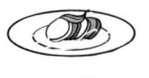

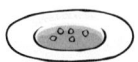

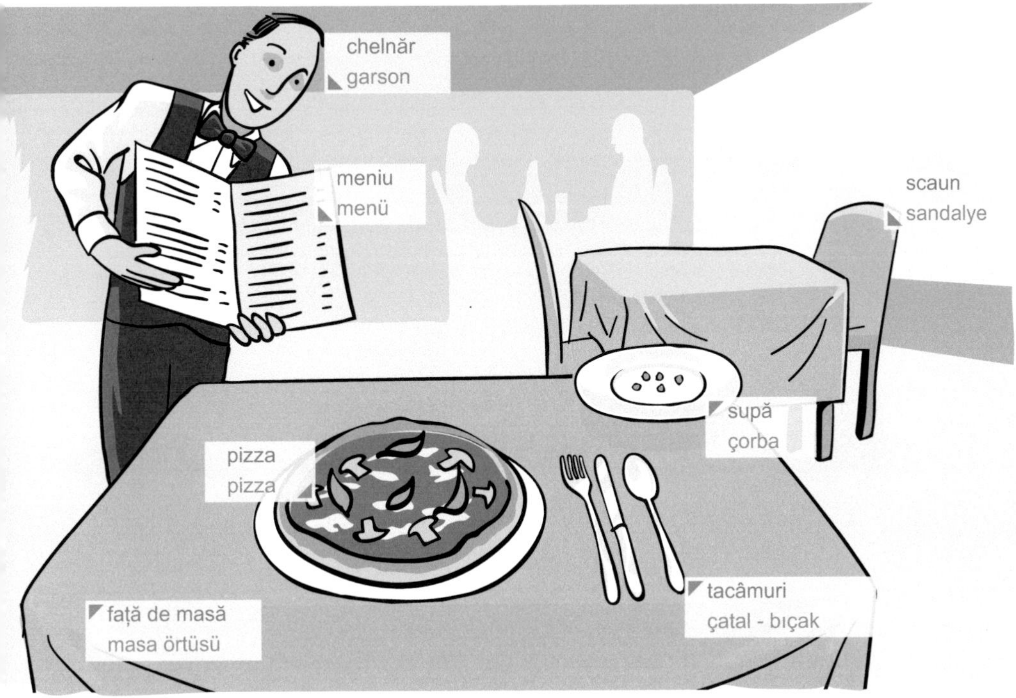
chelnăr
garson
meniu
menü
scaun
sandalye
supă
çorba
pizza
pizza
tacâmuri
çatal - bıçak
față de masă
masa örtüsü

antreu

başlangıç

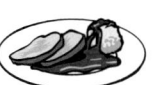

fel principal

ana yemek

desert

tatlı

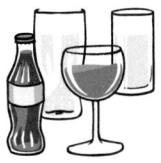

băuturi

içecekler

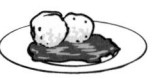

mâncare

yemek

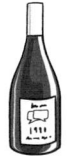

sticlă

şişe

fastfood

fastfood

streetfood

sokak yemeği

ceainic

çaydanlık

zaharniță

şekerlik

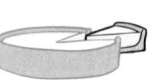

porție

porsiyon

espressor

espresso makinesi

scaun înalt (pentru copii)

mama sandalyesi

factură

fatura

tavă

tepsi

cuțit

bıçak

furculiță

çatal

lingură

kaşık

linguriță

çay kaşığı

şervețel

servis peçetesi

pahar

bardak

restaurant - restoran

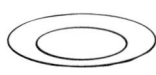

farfurie

tabak

farfurie de supă

çorba kasesi

farfurie

fincan altlığı

sos

sos

solniță

tuzluk

râșniță de piper

karabiber değirmeni

oțet

sirke

ulei

yağ

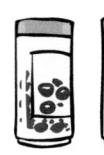

condimente

baharat

ketchup

ketçap

muștar

hardal

maioneză

mayonez

supermarket
süpermarket

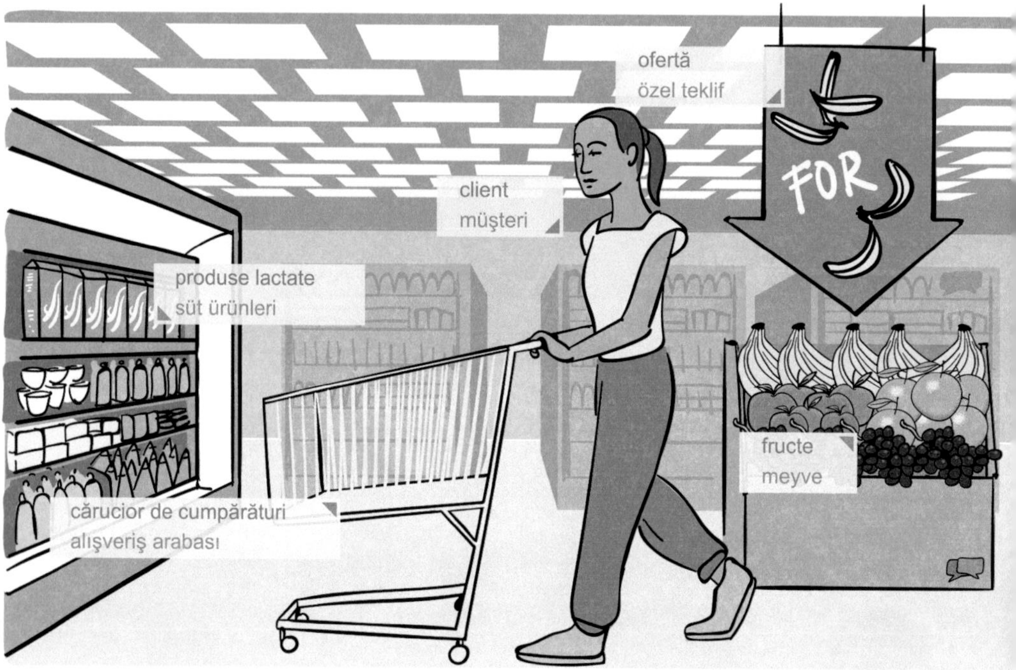
ofertă
özel teklif
FOR
client
müşteri
produse lactate
süt ürünleri
fructe
meyve
cărucior de cumpărături
alışveriş arabası

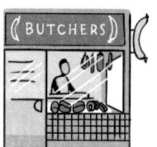

BUTCHERS

măcelărie

kasap

BAKERY

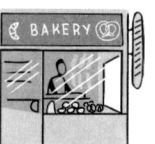

brutărie

fırın

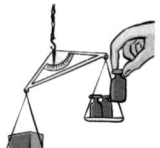

a cântări

tartmak

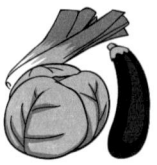

legume

sebze

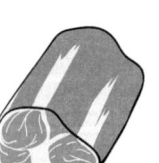

carne

et

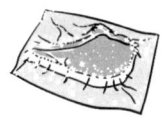

alimente refrigerate

donmuş gıda

ezeluri şi brânzeturi feliate

söğüş et

conserve

konserve yiyecek

detergent

toz deterjan

dulciuri

şekerlemeler

articole de menaj

ev temizlik ürünleri

produse de curăţenie

temizlik ürünleri

vânzătoare

satış görevlisi

casă

yazar kasa

casier

kasiyer

listă de cumpărături

alışveriş listesi

orar

açılış saatleri

portmoneu

cüzdan

carte de credit

kredi kartı

geantă

çanta

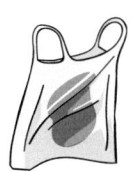

pungă de plastic

plastik poşet

apă

su

suc

meyve suyu

lapte

süt

cola

kola

vin

şarap

bere

bira

alcool

alkol

cacao

kakao

ceai

çay

cafea

kahve

espresso

espresso

cappucino

kapuçino

banane

muz

măr

elma

portocală

portakal

pepene

kavun

lămâie

limon

morcov

havuç

usturoi

sarımsak

bambus

bambu

ceapă

soğan

ciupercă

mantar

nuci

çerez

paste făinoase

makarna

spagheti

spagetti

orez

pirinç

salată

salata

cartofi prăjiţi

cips

cartofi ţărăneşti

patates kızartması

pizza

pizza

hamburger

hamburger

sandwich

sandviç

şniţel

şinitzel

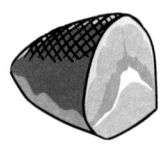

şuncă

pastırma

salam

salam

cârnaţi

sosis

pui

tavuk

friptură

rosto

peşte

balık

fulgi de ovăz

yulaf ezmesi

musli

müsli

cereale

mısır gevreği

făină

un

corn

kruvasan

chifle

küçük ekmek

pâine

ekmek

pâine prăjită

tost

biscuiți

bisküvi

unt

tereyağı

brânză de vaci

kaymak

prăjitură

kek

ou

yumurta

ouă ochiuri

sahanda yumurta

brânză

peynir

îngheţată

dondurma

zahăr

şeker

miere

bal

marmeladă

reçel

cremă nuga

fındık ezmesi

curry

köri

casă țărănească
çiftlik evi

balot de paie
sap toplama makinesi

șură
tahıl ambarı

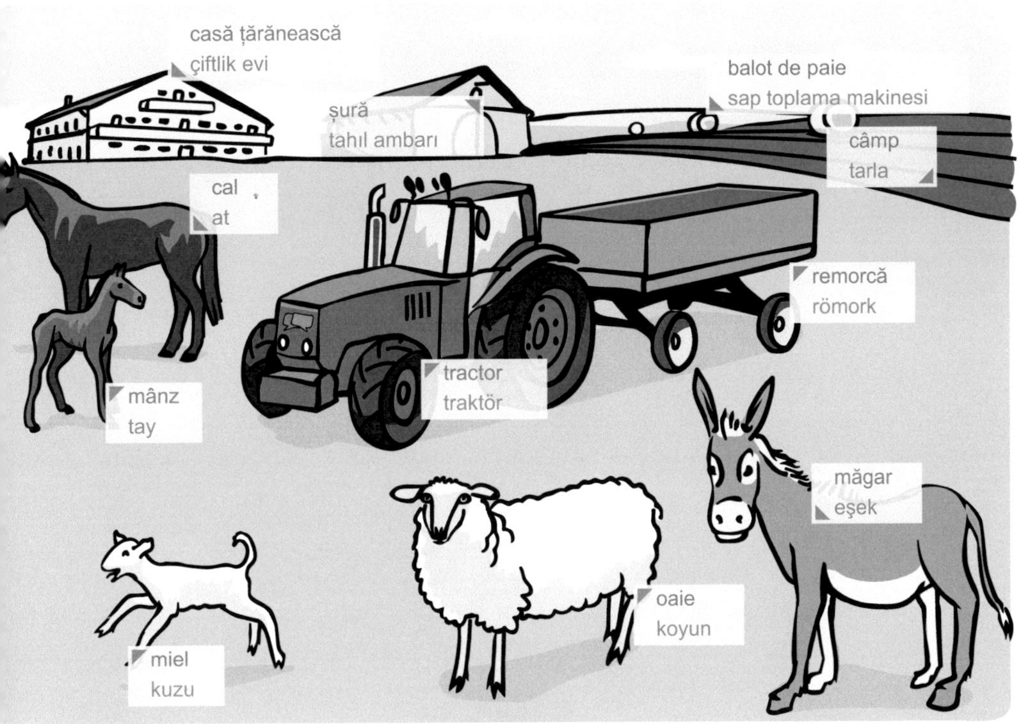

câmp
tarla

cal
at

remorcă
römork

tractor
traktör

mânz
tay

măgar
eșek

miel
kuzu

oaie
koyun

caprǎ
keçi

vacǎ
inek

vițel
buzağı

porc
domuz

purcel
domuz yavrusu

taur
boğa

găină

kaz

rață

ördek

pui

civciv

găină

tavuk

cocoș

horoz

șobolan

sıçan

pisică

kedi

șoarece

fare

bou

öküz

câine

köpek

cușcă

köpek kulübesi

furtun de grădină

bahçe hortumu

stropitoare

sulama kabı

coasă

tırpan

plug

pulluk

seceră
orak

sapă
çapa

furcă
dirgen

secure
balta

roabă
el arabası

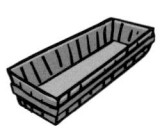

troacă
yemlik

cană pentru lapte
süt kovası

sac
çuval

gard
çit

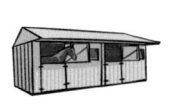

grajd
ahır

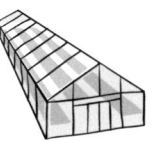

seră
sera

sol
toprak

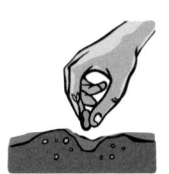

sămânță
tohum

fertilizator
gübre

combină de treierat
biçerdöver

a culege

hasat etmek

recoltă

harman

cartof yam

tatlı patates

grâu

buğday

soia

soya

cartof

patates

porumb

mısır

rapiță

kolza

pom fructifer

meyve ağacı

manioc

manyok

cereale

hububat

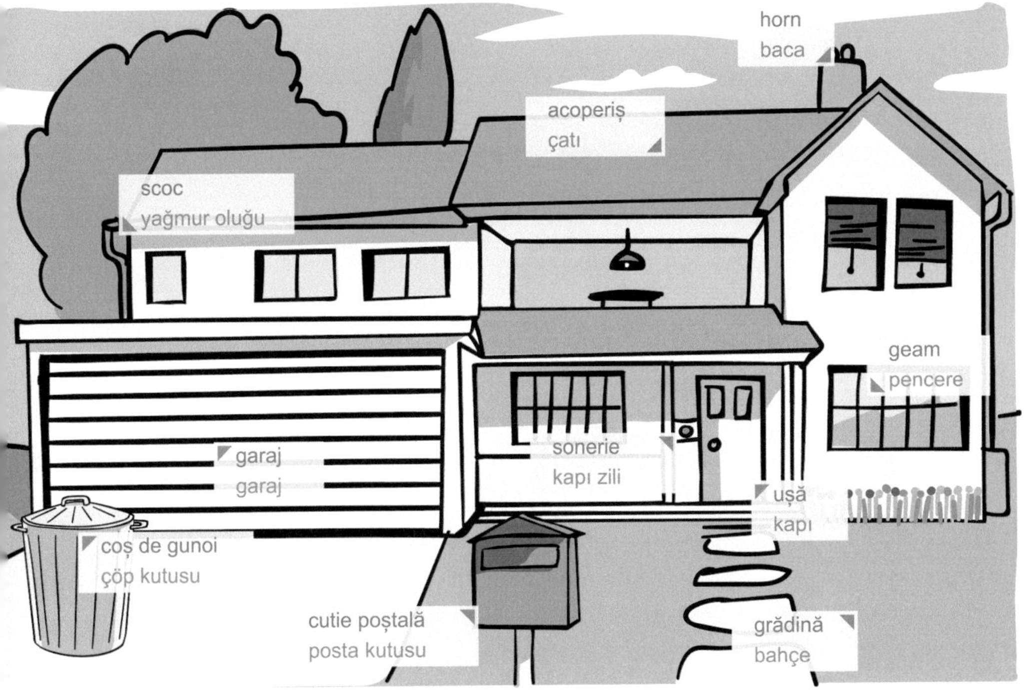

horn
baca

acoperiș
çatı

scoc
yağmur oluğu

geam
pencere

garaj
garaj

sonerie
kapı zili

ușă
kapı

coș de gunoi
çöp kutusu

cutie poștală
posta kutusu

grădină
bahçe

camera de zi

oturma odası

baie

banyo

bucătărie

mutfak

dormitor

yatak odası

camera copiilor

çocuk odası

sufragerie

yemek odası

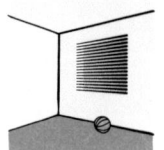

podea
zemin

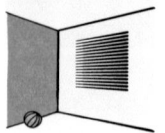

perete
duvar

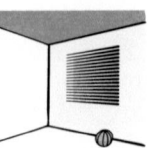

tavan
tavan

pivniţă
kiler

saună
sauna

balcon
balkon

terasă
teras

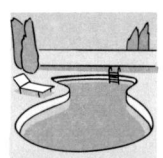

piscină
havuz

maşină de tuns iarba
çim biçme makinesi

cearşaf
çarşaf

cuvertură
yatak örtüsü

pat
yatak

mătură
süpürge

găleată
kova

întrerupător
anahtar

cameră de zi
oturma odası

tapet
duvar kağıdı
pictură
resim
lampă
lamba
raft
raf
dulap
dolap
televizor
televizyon
șemineu
șömine
floare
çiçek
pernă
minder
sofa
kanepe
vază
vazo
telecomandă
uzaktan kumanda

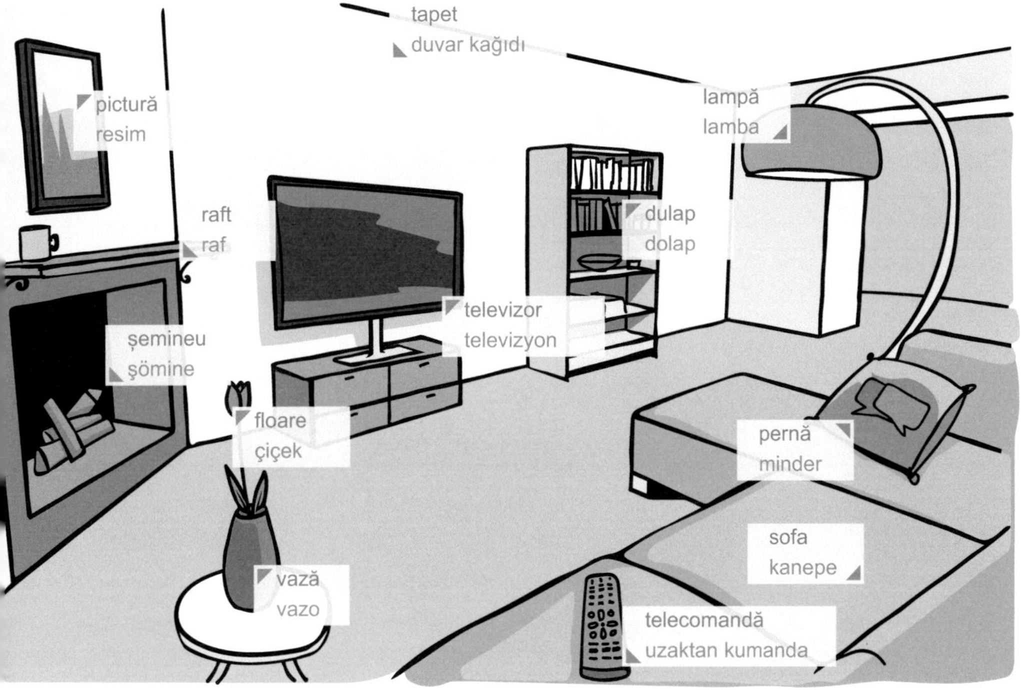

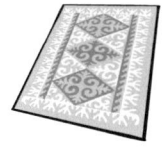

covor

halı

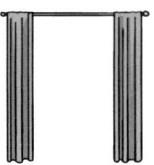

perdea

perde

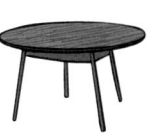

masă

masa

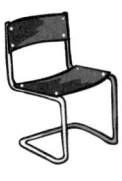

scaun

sandalye

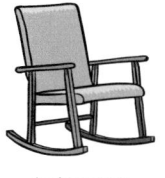

balansoar

salıncaklı koltuk

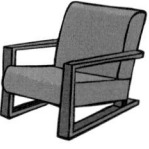

fotoliu

koltuk

carte

kitap

pătură

battaniye

decoraţiune

dekor

lemn de foc

odun

film

film

instalaţie stereo

hi-fi

cheie

anahtar

ziar

gazete

desen

tablo

poster

poster

radio

radyo

caiet de notiţe

defter

aspirator

elektrikli süpürge

cactus

kaktüs

lumânare

mum

bucătărie
mutfak

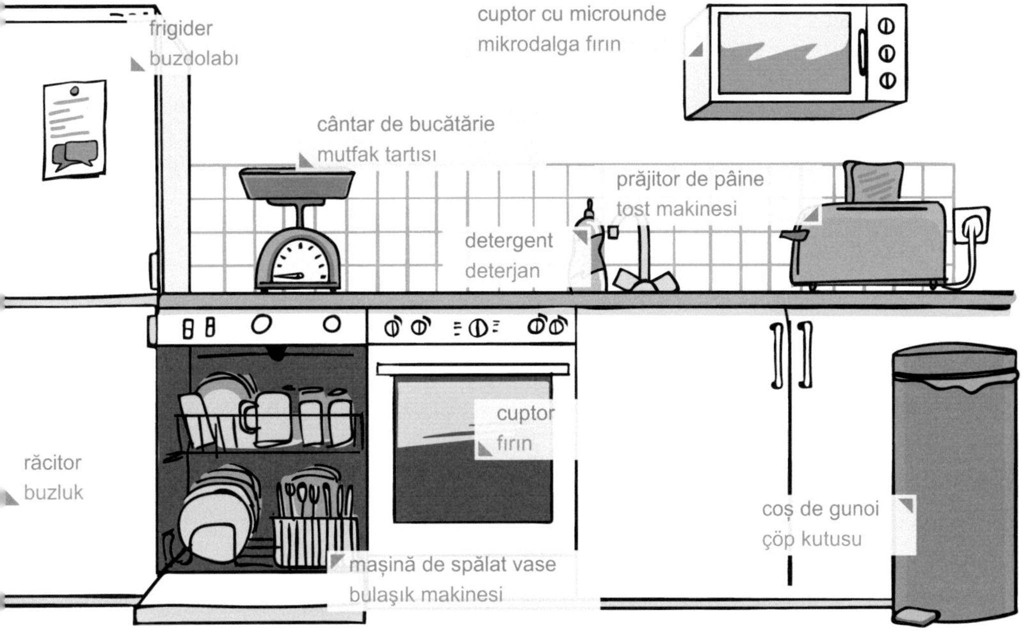
frigider
buzdolabı
cuptor cu microunde
mikrodalga fırın
cântar de bucătărie
mutfak tartısı
prăjitor de pâine
tost makinesi
detergent
deterjan
cuptor
fırın
răcitor
buzluk
coș de gunoi
çöp kutusu
mașină de spălat vase
bulaşık makinesi

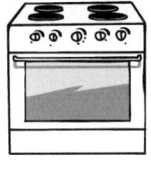

cuptor

ocak

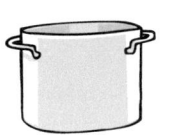

oală

tencere

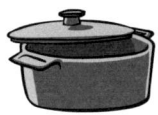

oală de metal

döküm tencere

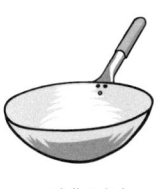

wok/kadai

wok

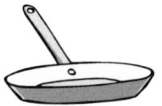

tigaie

tava

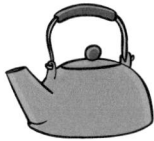

ceainic

su ısıtıcı

oală de gătit cu aburi

buharlı pişirici

tavă de copt

pişirme tepsisi

veselă

tabak takımı

pahar

kupa

bol

kase

beţişoare

çubuk (çin yemeği)

polonic

kepçe

spatulă

spatula

tel

çırpma teli

sită

süzgeç

sită

elek

răzătoare

rende

mojar

havan

grătar

barbekü

loc pentru grătar

açık ateş

tocător
....
kesme tahtası

sucitor
....
merdane

tirbuşon
....
tirbüşon

conservă
....
konserve kutusu

deschizător de conserve
....
konserve açacağı

şervete termice
....
fırın eldiveni

chiuvetă
....
evye

perie
....
fırça

burete
....
sünger

mixer
....
blender

ladă frigorifică
....
derin dondurucu

biberon
....
biberon

robinet
....
musluk

baie
banyo

încălzire
ısıtma
duş
duş
prosop
havlu
perdea de duş
duş perdesi
baie cu spumă
köpük banyosu
cadă
küvet
pahar
bardak
mașină de spălat
çamaşır makinesi
robinet
musluk
gresie
fayans
oală de noapte
lazımlık
chiuvetă
evye

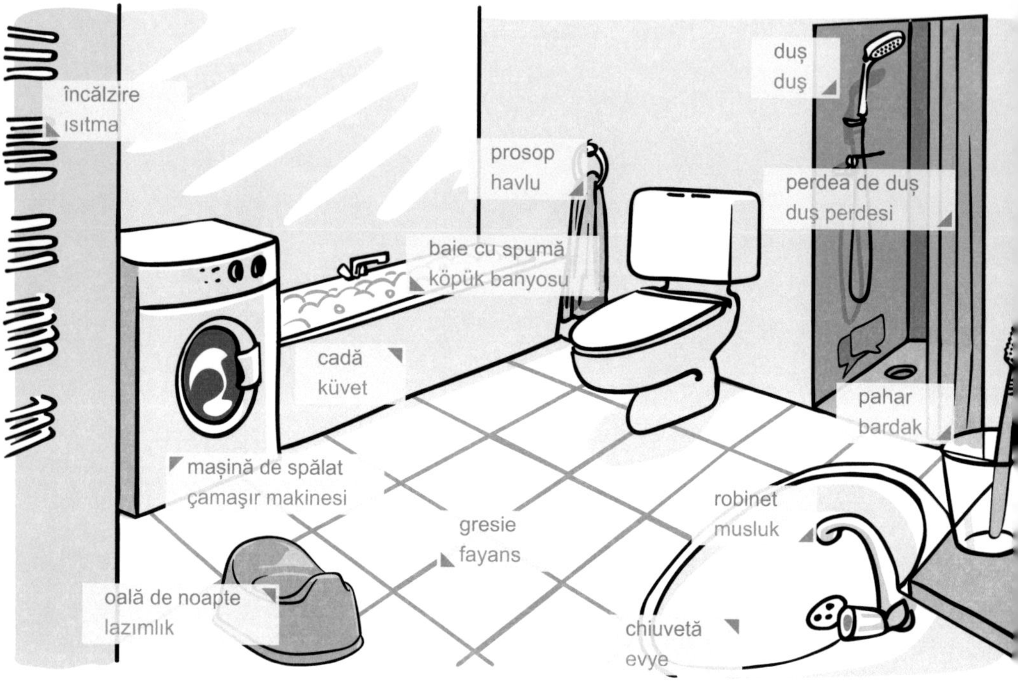

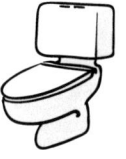

toaletă
tuvalet

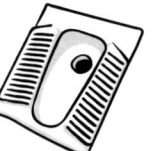

toaletă turcescă
alaturka tuvalet

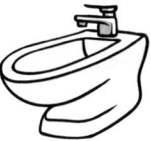

bideu
bide

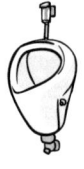

pisoir
pisuvar

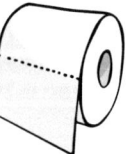

hârtie igienică
tuvalet kağıdı

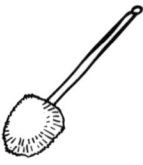

perie de toaletă
tuvalet fırçası

periuță de dinți

diş fırçası

pastă de dinți

diş macunu

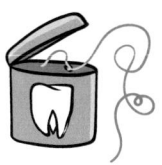

ață dentară

diş ipi

a spăla

yıkamak

cap de duș

duş başlığı

duș intim

duş başlığı şeklinde taharet musluğu

lavoar

küvet

perie pentru spate

banyo fırçası

săpun

sabun

gel de duș

duş jeli

șampon

şampuan

cârpă de spălat

banyo lifi

scurgere

gider

cremă

krem

deodorant

deodorant

oglindă

ayna

oglindă cosmetică

el aynası

aparat de ras

jilet

spumă de ras

tıraş köpüğü

aftershave

tıraş losyonu

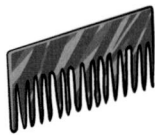

pieptene

tarak

perie

fırça

uscător de păr

saç kurutma makinesi

fixator

saç spreyi

machiaj

makyaj

ruj

ruj

lac de unghii

tırnak cilası

vată

pamuk

foarfece de unghii

tırnak makası

parfum

parfüm

neseser

makyaj çantası

taburet

tabure

cântar

tartı

halat de baie

bornoz

mănuși de cauciuc

lastik eldiven

tampon

tampon

tampon

kadın pedi

toaletă chimică

kimyevi tuvalet

camera copiilor
çocuk odası

ceas deşteptător
çalar saat
jucărie de pluş
peluş oyuncak
maşină de jucărie
oyuncak araba
morişcă
çıngırak
casă de păpuşi
bebek evi
cadou
hediye

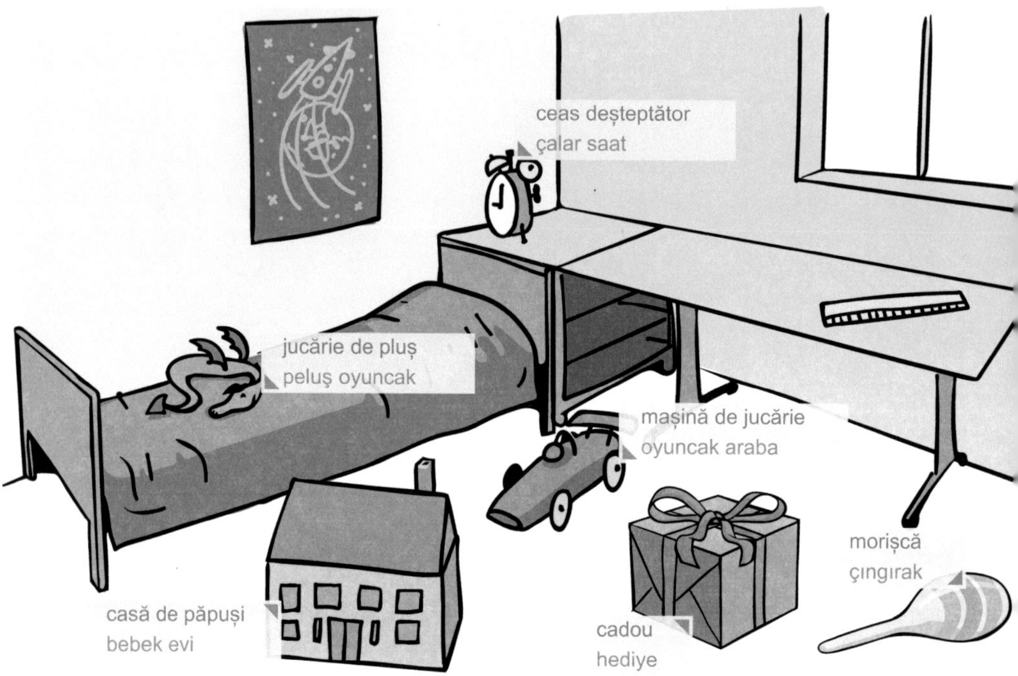

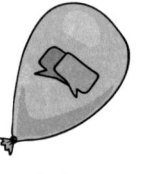

balon

balon

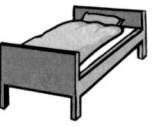

pat

yatak

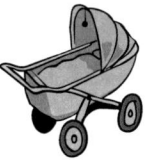

cărucior de copii

bebek arabası

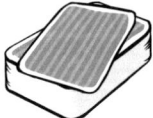

joc de cărţi

kart destesi

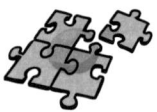

puzzle

yapboz

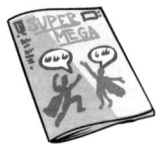

revistă de benzi desenate

çizgi roman

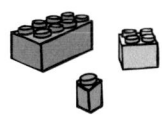

cuburi lego

lego tuğlaları

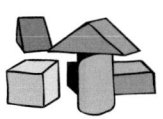

piese pentru construcții

lego blokları

personaj din filmele de acțiune

aksiyon figürü

body

zıbın

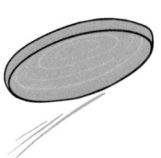

frisbee

frizbi

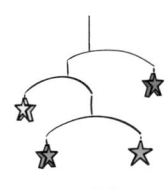

mobil

dönence

joc de societate

masa oyunu

zar

zar

set trenuleț de jucărie

model tren seti

suzetă

emzik

petrecere

parti

carte cu poze

resimli kitap

minge

top

păpușă

oyuncak bebek

a se juca

oynamak

groapă de nisip

kum havuzu

leagăn

salıncak

jucării

oyuncaklar

consolă video

video oyun konsolu

tricicletă

üç tekerlekli bisiklet

ursuleț

oyuncak ayı

dulap

gardırop

îmbrăcăminte
kıyafet

șosete

çorap

ciorapi

külotlu çorap

dres

tayt

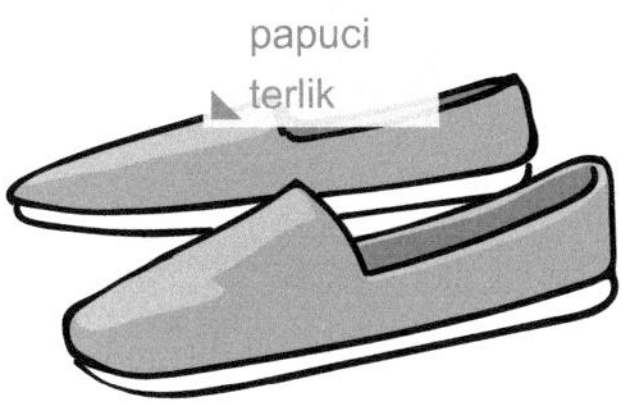

şal
eşarp

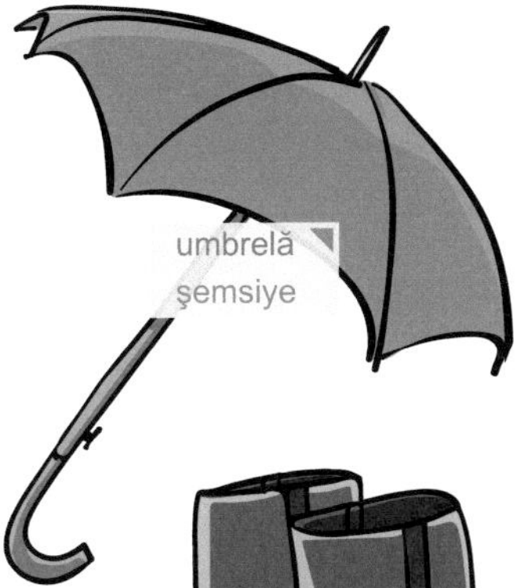

umbrelă
şemsiye

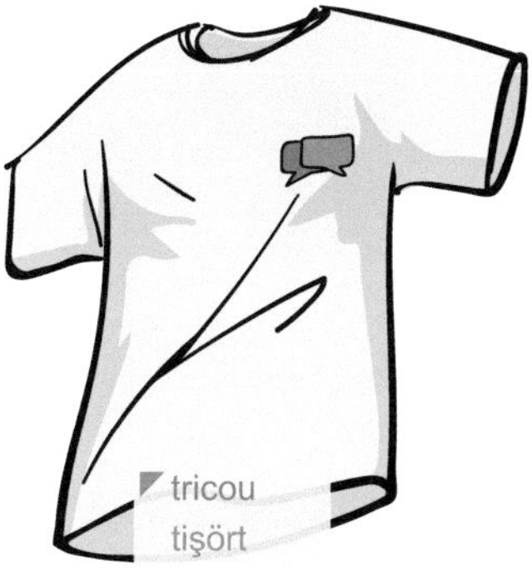

tricou
tişört

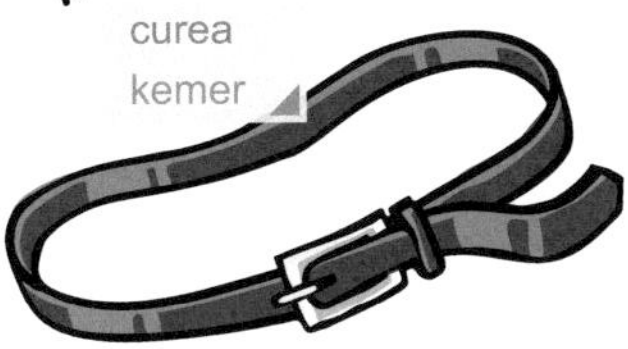

curea
kemer

cizme
bot

papuci
terlik

pantofi sport
spor ayakkabı

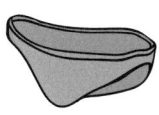

sandale
....
sandalet

încălţăminte
....
ayakkabı

cizme de cauciuc
....
lastik çizme

chilot
....
külot

sutien
....
sütyen

maiou
....
yelek

body
dar bluz

pantaloni
pantolon

blugi
kot pantolon

fustă
etek

bluză
bluz

cămaşă
gömlek

pulover
kazak

jerseu
süveter

sacou
blazer

jachetă
ceket

palton
mont

pelerină de ploaie
yağmurluk

costum
kostüm

rochie
elbise

rochie de mireasă
gelinlik

costum

takım elbise

cămașă de noapte

gecelik

pijama

pijama

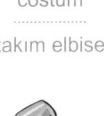

sari

sari

batic

baş örtüsü

turban

türban

burka

burka

caftan

kaftan

abaya

çarşaf

costum de baie

mayo

șort

erkek mayosu

pantaloni scurți

șort

trening

eşofman

șorț

önlük

mănuși

eldiven

nasture

düğme

ochelari

gözlük

brăţară

bilezik

lanţ

kolye

inel

yüzük

cercel

küpe

căciulă

kep

umeraş

portmanto

pălărie

şapka

cravată

kravat

fermoar

fermuar

cască

kask

bretele

pantolon askısı

uniformă şcolară

okul forması

uniformă

üniforma

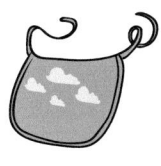

baveţică

mama önlüğü

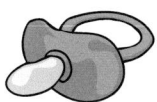

suzetă

emzik

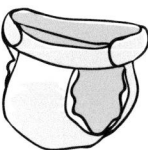

scutec

bebek bezi

birou

ofis

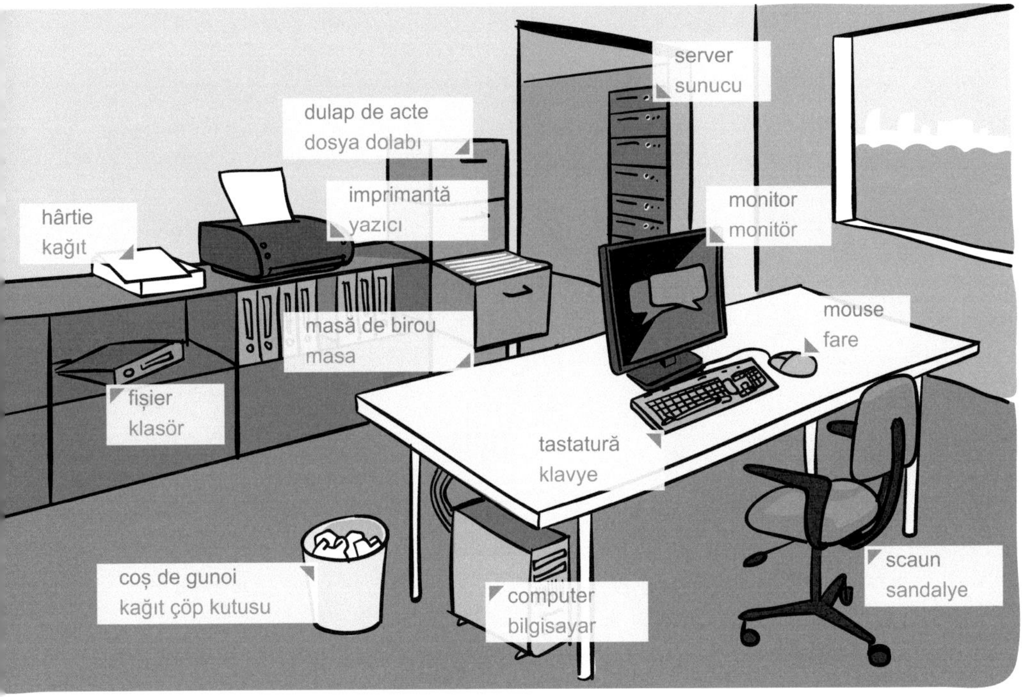

server
sunucu
dulap de acte
dosya dolabı
imprimantă
yazıcı
hârtie
kağıt
monitor
monitör
mouse
fare
masă de birou
masa
fişier
klasör
tastatură
klavye
coş de gunoi
kağıt çöp kutusu
computer
bilgisayar
scaun
sandalye

ceaşcă de cafea

kahve fincanı

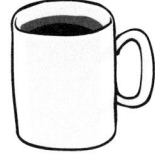

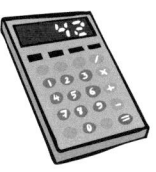

calculator

hesap makinesi

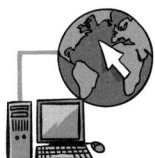

internet

internet

laptop

dizüstü

scrisoare

mektup

mesaj

mesaj

telefon mobil

cep telefonu

reţea

ağ

copiator

fotokopi makinesi

software

yazılım

telefon

telefon

priză

priz

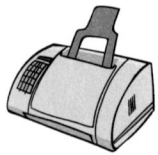

fax

faks makinesi

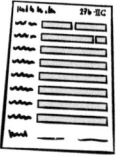

formular

form

document

belge

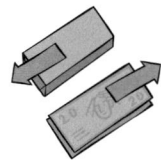

a cumpăra

satın almak

a plăti

ödemek

a face comerț

ticaret yapmak

bani

para

Dolar

dolar

Euro

avro

Yen

yen

Rublă

ruble

 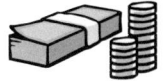

Franc Elvețian

İsviçre frangı

renminbi yuan

Çin yuanı

Rupie

rupi

bancomat

kasa

casă de schimb valutar

döviz bürosu

aur

altın

argint

gümüş

petrol

petrol

energie

enerji

preţ

fiyat

contract

kontrat

impozit

vergi

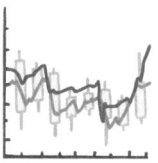

acţiune

menkul değer

a munci

çalışmak

angajat

işveren

angajator

işçi

fabrică

fabrika

magazin

mağaza

poliţist
polis memuru

pompier
itfaiyeci

bucătar
aşçı

medic
doktor

pilot
pilot

grădinar
bahçıvan

tâmplar
marangoz

cusătoreasă
terzi

judecător
hakim

chimist
kimyager

actor
aktör

şofer de autobuz

otobüs şoförü

şofer de taxi

taksi şoförü

pescar

balıkçı

femeie de serviciu

temizlikçi

tinichigiu

çatı ustası

chelnăr

garson

vânător

avcı

pictor

boyacı

brutar

fırıncı

electrician

elektrikçi

muncitor în construcţii

inşaatçı

inginer

mühendis

măcelar

kasap

instalator

muslukçu

poştaş

postacı

soldat

asker

arhitect

mimar

casier

kasiyer

florar

çiçekçi

frizer

kuaför

controlor

kondüktör

mecanic

tamirci

căpitan

kaptan

stomatolog

dişçi

om de ştiinţă

bilim insanı

rabin

haham

imam

imam

călugăr

keşiş

preot

rahip

instrumente

aletler

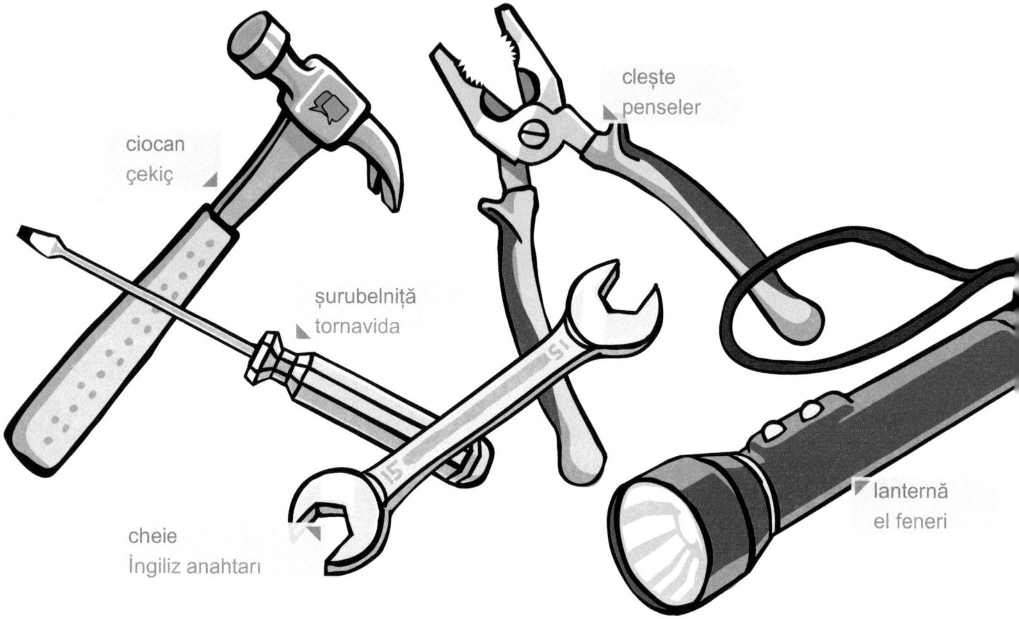

ciocan
çekiç
clește
penseler
șurubelniță
tornavida
cheie
İngiliz anahtarı
lanternă
el feneri

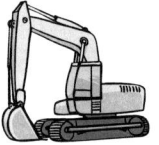

excavator
kazı makinesi

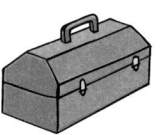

cutie de scule
alet çantası

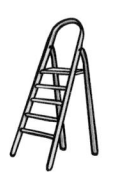

scară
merdiven

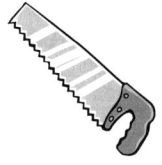

ferăstrău
testere

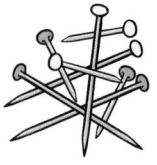

cuie
çiviler

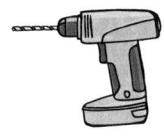

burghiu
matkap

a repara

tamir etmek

lopată

kürek

La naiba!

Kahretsin!

făraş

faraş

vas pentru vopsea

boya tenekesi

şuruburi

vidalar

instrumente muzicale
müzik enstrümanı

set tobe
bateri seti

difuzor
hoparlör

contrabas
kontrbas

trompetă
trompet

chitară
gitar

pian

piyano

vioară

keman

bas

basgitar

trombon

timpani

tobă

bateri

keyboard

klavye

saxofon

saksafon

fluier

flüt

microfon

mikrofon

grădină zoologică
hayvanat bahçesi

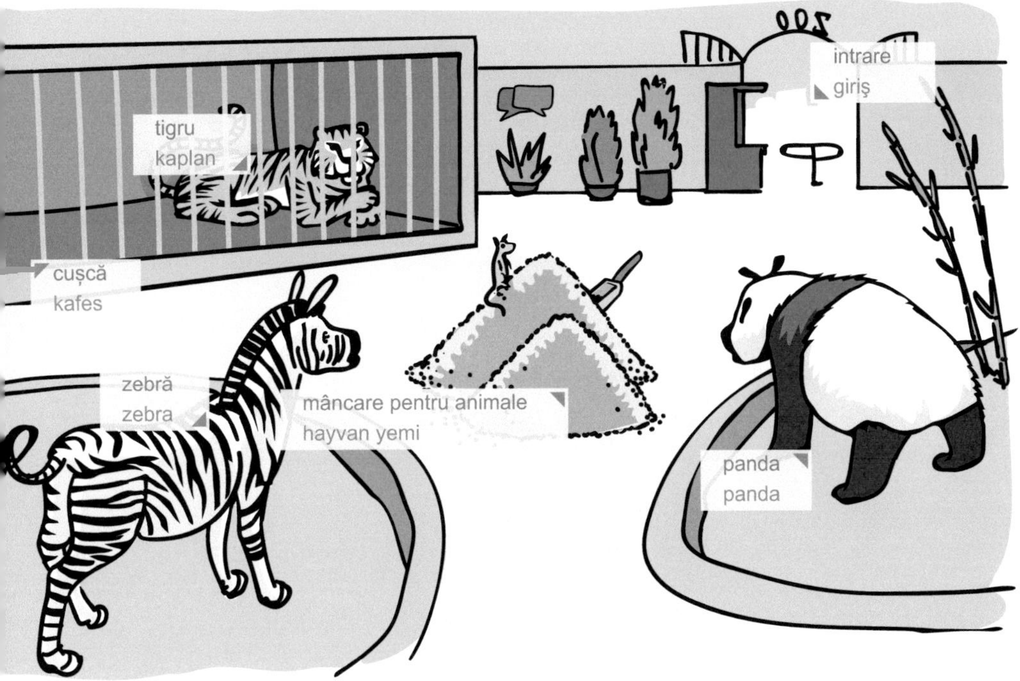

intrare
giriş
tigru
kaplan
cuşcă
kafes
zebră
zebra
mâncare pentru animale
hayvan yemi
panda
panda

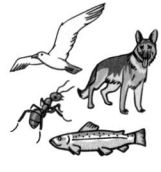

animale
hayvanlar

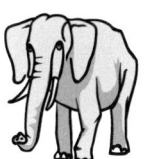

elefant
fil

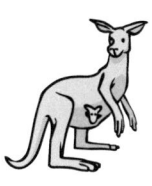

cangur
kanguru

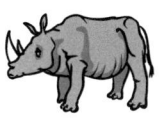

rinocer
gergedan

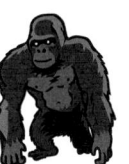

gorilă
goril

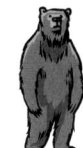

urs
ayı

cămilă

deve

struț

deve kuşu

leu

aslan

maimuță

maymun

flamingo

flamingo

papagal

papağan

urs polar

kutup ayısı

pinguin

penguen

rechin

köpek balığı

păun

tavus kuşu

șarpe

yılan

crocodil

timsah

îngrijitor grădina zoologică

hayvanat bahçesi görevlisi

focă

fok

jaguar

jaguar

ponei

midilli atı

leopard

leopar

hipopotam

su aygırı

girafă

zürafa

acvilă

kartal

porc mistreț

yaban domuzu

pește

balık

broască țestoasă

kaplumbağa

morsă

mors

vulpe

tilki

gazelă

ceylan

fotbal american
amerikan futbolu

ciclism
bisiklete binme

tenis
tenis

basketball
basketbol

înot
yüzme

box
boks

hockey pe gheață
buz hokeyi

fotbal
futbol

badminton
badminton

atletism
atletizm

handbal
hentbol

schi
kayak

polo
polo

62   sport - sporlar

activități
etkinlikler

a râde
gülmek
a sări
atlamak
a îmbrățișa
sarılmak
a merge
yürümek
a cânta
söylemek
a visa
hayal etmek
a se ruga
dua etmek
a săruta
öpmek

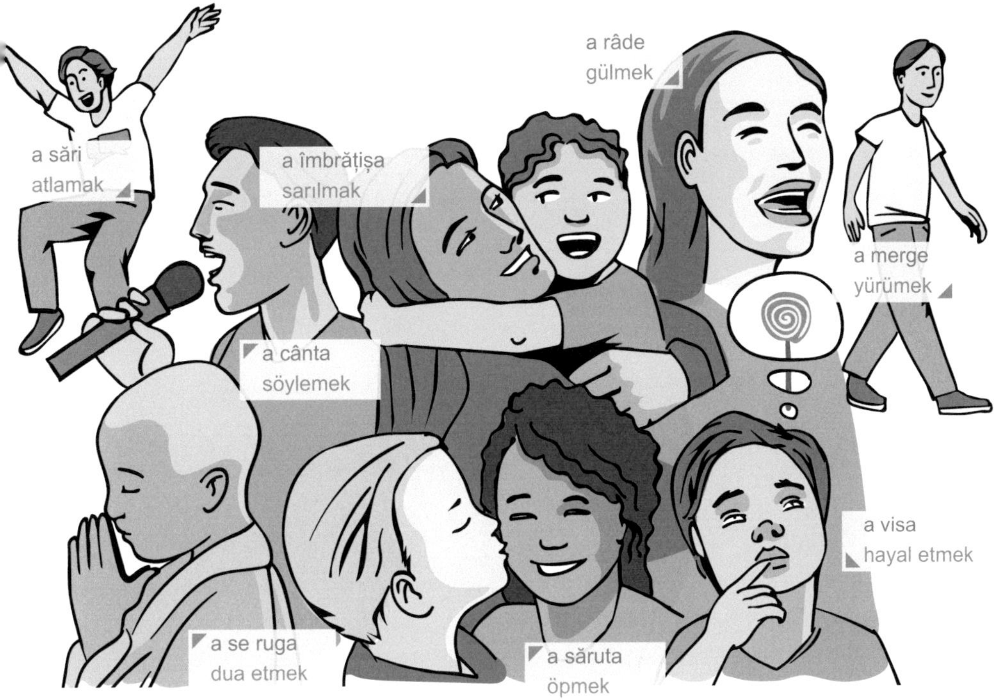

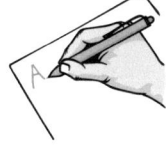

a scrie
yazmak

a desena
çizmek

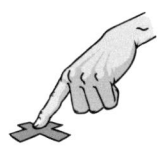

a arăta
göstermek

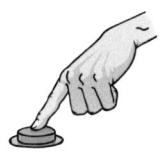

a împinge
itmek

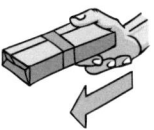

a da
vermek

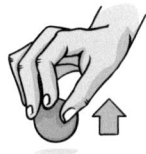

a lua
almak

a avea

sahip olmak

a face

yapmak

a fi

olmak

a sta în picioare

ayakta durmak

a fugi

koşmak

a trage

çekmek

a arunca

atmak

a cădea

düşmek

a sta întins

yalan söylemek

a aștepta

beklemek

a purta

taşımak

a ședea

oturmak

a se îmbrăca

giyinmek

a dormi

uyumak

a se trezi

uyanmak

a privi

bakmak

a plânge

ağlamak

a mângâia

vurmak

a se pieptăna

taramak

a vorbi

konuşmak

a înţelege

anlamak

a întreba

sormak

a asculta

dinlemek

a bea

içmek

a mânca

yemek

a face ordine

düzenlemek

a iubi

sevmek

a găti

pişirmek

a conduce

sürmek

a zbura

uçmak

a naviga

denize açılmak

a calcula

hesapla

a citi

okumak

a învăța

öğrenmek

a munci

çalışmak

a se căsători

evlenmek

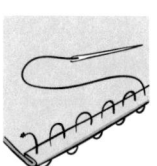

a coase

dikmek

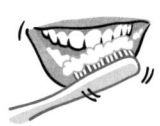

a se spăla pe dinți

diş fırçalamak

a ucide

öldürmek

a fuma

sigara içmek

a trimite

yollamak

familie
aile

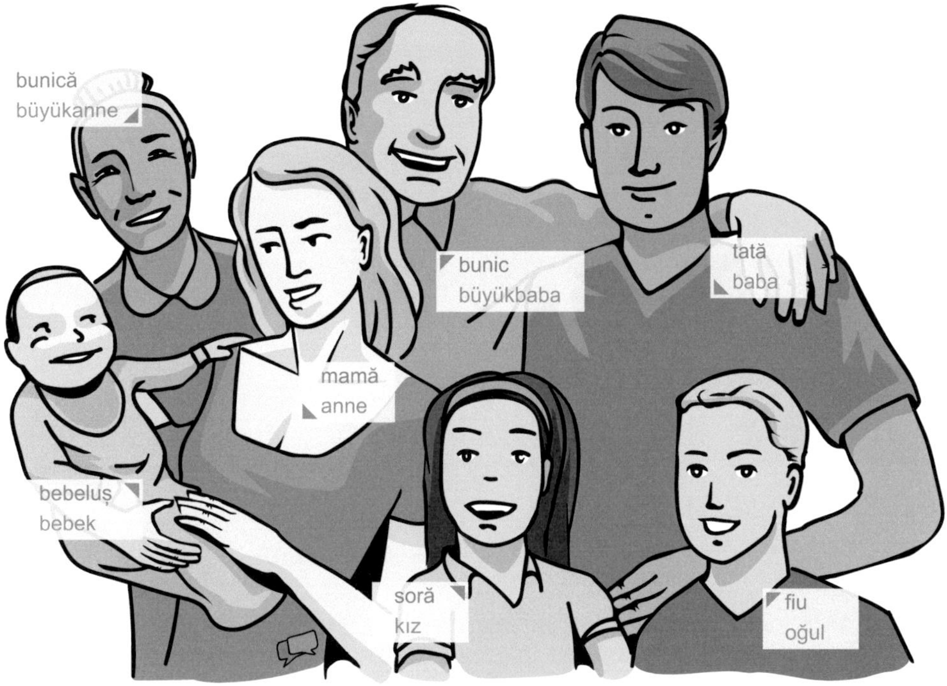

bunică
büyükanne
bunic
büyükbaba
tată
baba
mamă
anne
bebeluș
bebek
soră
kız
fiu
oğul

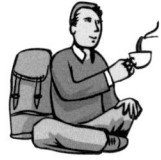

oaspete

misafir

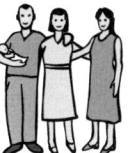

mătușă

teyze

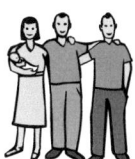

unchi

amca

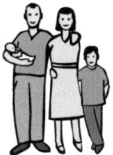

frate

erkek kardeş

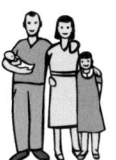

soră

kız kardeş

corp
vücut

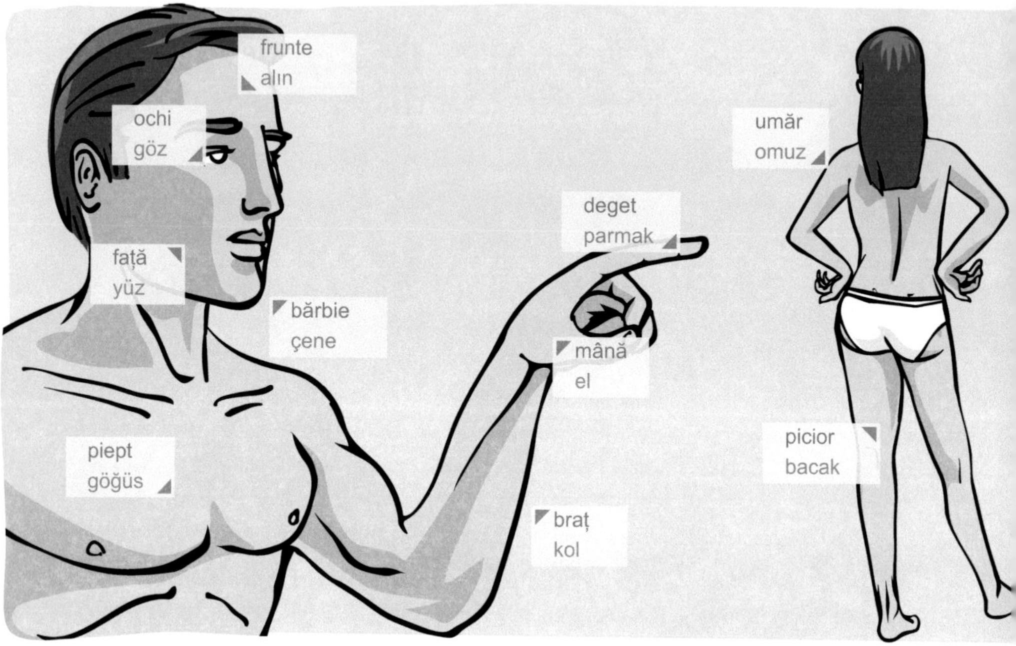

frunte
alın
ochi
göz
umăr
omuz
deget
parmak
față
yüz
bărbie
çene
mână
el
picior
bacak
piept
göğüs
braț
kol

bebeluș
bebek

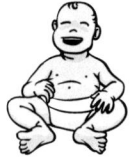

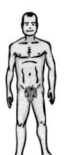

bărbat
adam

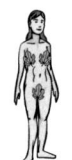

femeie
kadın

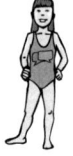

fată
kız

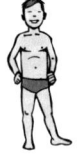

băiat
erkek çocuk

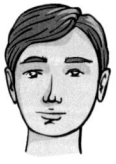

cap
baş

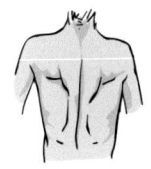

spate

sırt

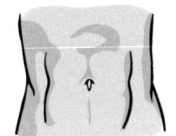

abdomen

karın

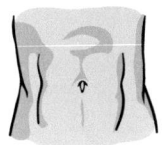

ombilic

göbek

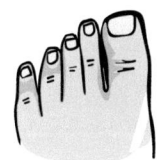

deget de la picior

ayak parmağı

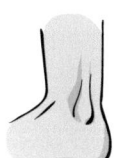

călcâi

topuk

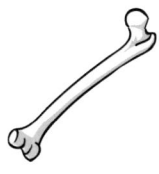

os

kemik

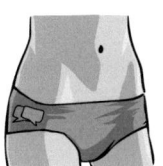

șold

kalça

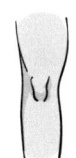

genunchi

diz

cot

dirsek

nas

burun

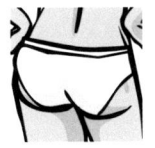

fund

kalça

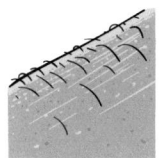

piele

deri

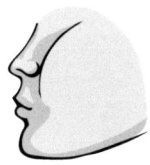

obraz

yanak

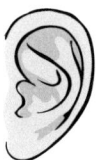

ureche

kulak

buză

dudak

gură

ağız

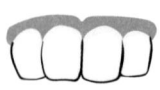

dinte

diş

limbă

dil

creier

beyin

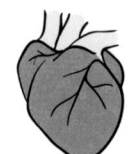

inimă

kalp

muşchi

kas

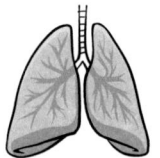

plămân

akciğer

ficat

karaciğer

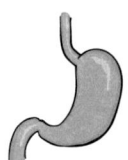

stomac

mide

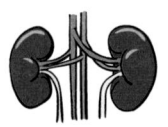

rinichi

böbrekler

sex

seks

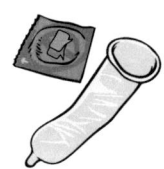

prezervativ

prezervatif

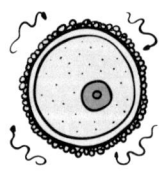

ovul

yumurtalık

spermă

sperm

sarcină

hamilelik

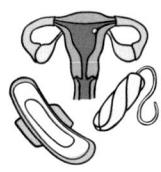

menstruație
....
regl

vagin
....
vajina

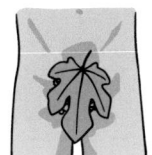

penis
....
penis

sprânceană
....
kaş

păr
....
saç

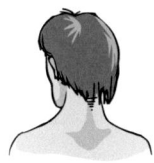

gât
....
boyun

spital
hastane

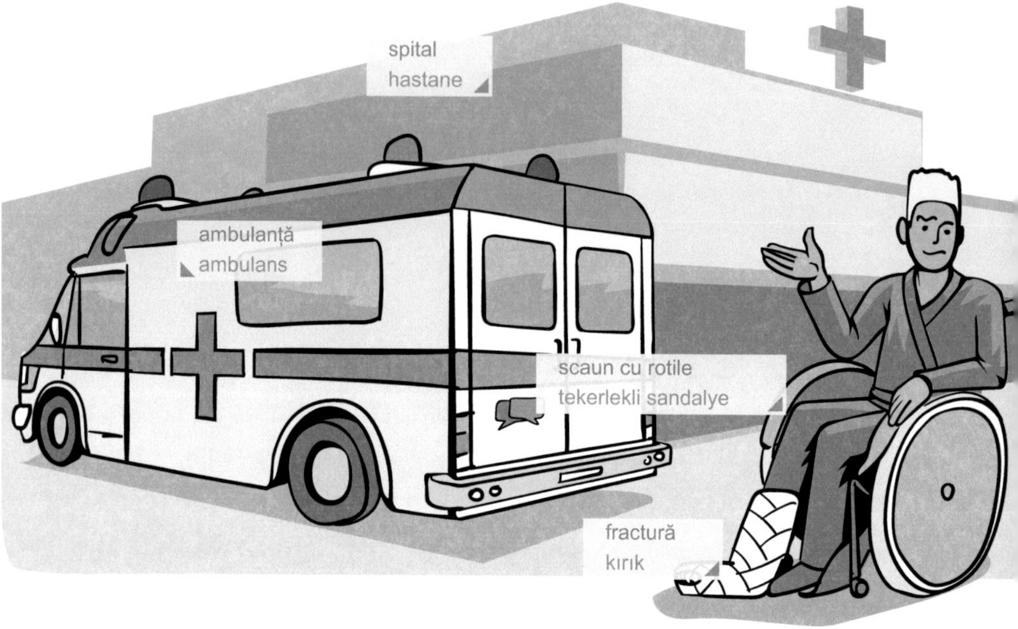

spital
hastane
ambulanță
ambulans
scaun cu rotile
tekerlekli sandalye
fractură
kırık

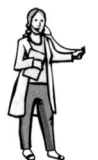

medic

doktor

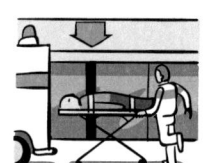

unitate de primiri urgențe

acil servis

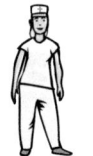

soră medicală

hemşire

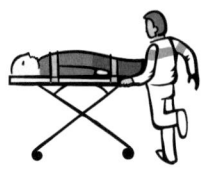

urgență

acil

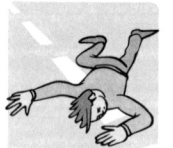

inconștient

baygın

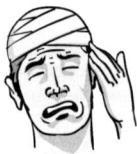

durere

acı

leziune

yaralanma

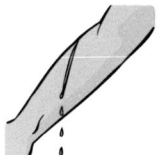

sângerare

kanama

infarct miocardic

kalp krizi

atac cerebral

felç

alergie

alerji

tuse

öksürük

febră

ateş

gripă

grip

diaree

ishal

durere de cap

baş ağrısı

cancer

kanser

diabet

şeker hastalığı

chirurg

cerrah

scalpel

neşter

operaţie

operasyon

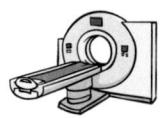

CT

bilgisayarlı tomografi

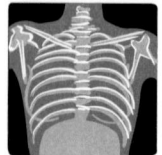

raze Röntgen

röntgen

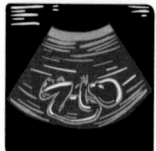

ultrasunet

ultrason

mască

yüz maskesi

boală

hastalık

sală de așteptare

bekleme odası

cârjă

koltuk değneği

plasture

yara bandı

bandaj

bandaj

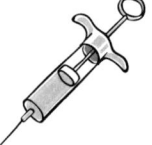

injecție

enjeksiyon

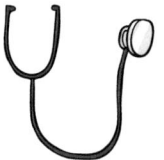

stetoscop

steteskop

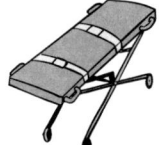

targă

sedye

termometru

tıbbi termometre

naștere

doğum

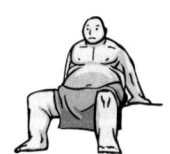

supraponderabilitate

fazla kilo

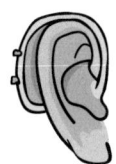

aparat auditiv

işitme cihazı

dezinfectant

dezenfektan

infecţie

enfeksiyon

virus

virüs

HIV/SIDA

HIV / AIDS

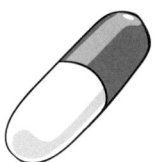

medicină

ilaç

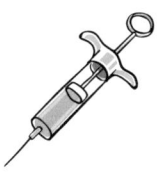

vaccin

aşı

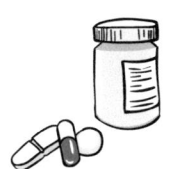

tablete

tablet

pastilă

hap

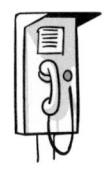

apel de urgenţă

acil çağrı

aparat de măsurare a
presiunii arteriale

tansiyon aleti

bolnav/sănătos

hasta / sağlıklı

Ajutor!
İmdat!

alarmă
alarm

agresiune
darp

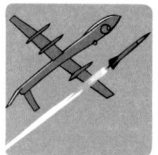

atac
saldırı

pericol
tehlike

ieşire de urgenţă
acil çıkış

Foc!
Yangın!

extinctor
yangın tüpü

accident
kaza

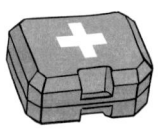

trusă de prim-ajutor
ilk yardım çantası

SOS
imdat

poliţie
polis

Europa

Avrupa

America de Nord

Kuzey Amerika

America de Sud

Güney amerika

Africa

Afrika

Asia

Asya

Australia

Avustralya

Altantic

Atlantik

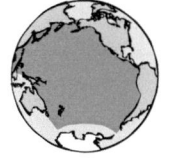

Pacific

Pasifik

Oceanul Indian

Hint Okyanusu

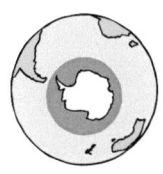

Oceanul Antarctic

Antarktika Okyanusu

Oceanul Arctic

Arktik Okyanusu

Polul Nord

Kuzey Kutbu

Polul Sud

Güney Kutbu

Antarctica

Antarktika

pământ

dünya

țară

kara

mare

deniz

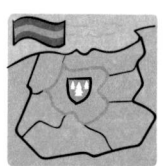

insulă

ada

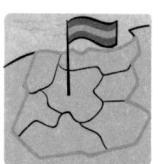

națiune

ulus

stat

ülke

cadran
kadran

orar
akrep

minutar
yelkovan

secundar
saniye ibresi

Cât e ceasul?
Saat kaç?

zi
gün

timp
zaman

acum
şimdi

cead digital
dijital saat

minut
dakika

orǎ
saat

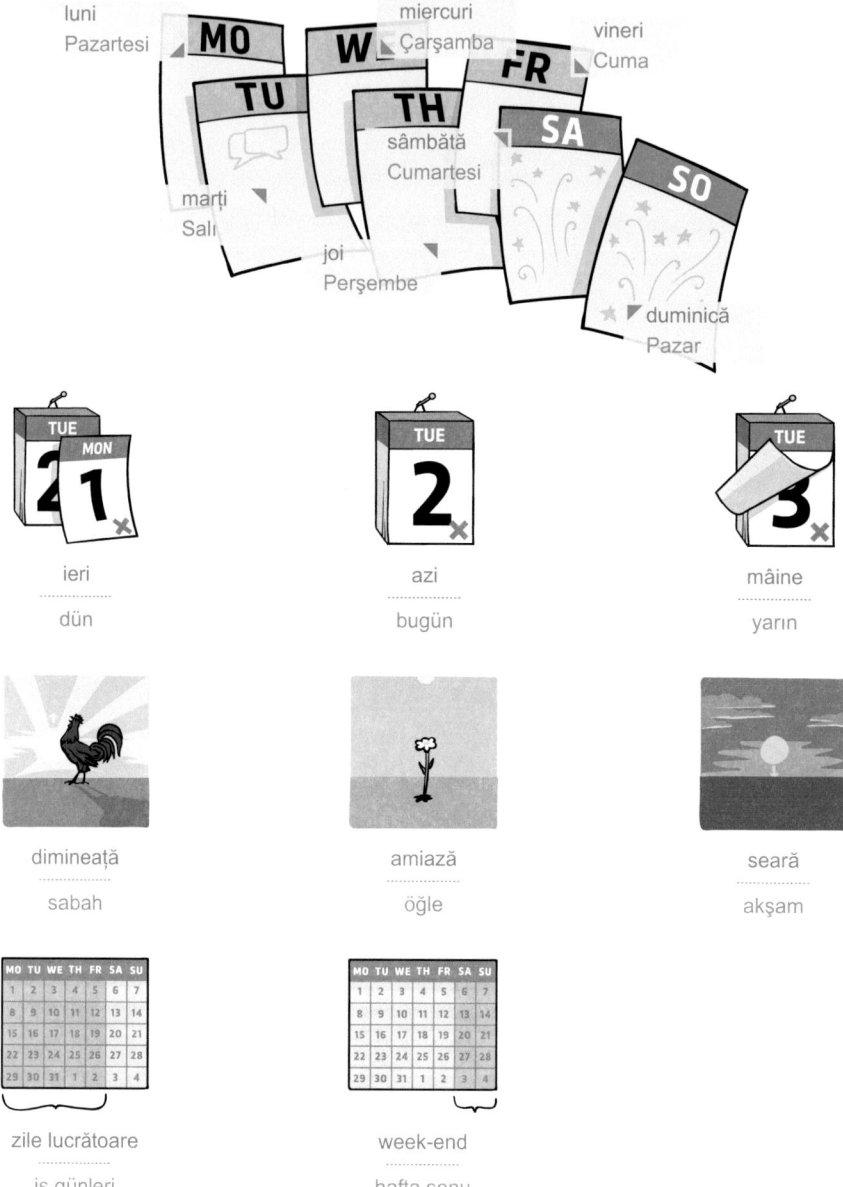

luni	miercuri	vineri
Pazartesi	Çarşamba	Cuma
marţi	sâmbătă	
Salı	Cumartesi	
joi		duminică
Perşembe		Pazar

| ieri | azi | mâine |
| dün | bugün | yarın |

| dimineaţă | amiază | seară |
| sabah | öğle | akşam |

| zile lucrătoare | week-end |
| iş günleri | hafta sonu |

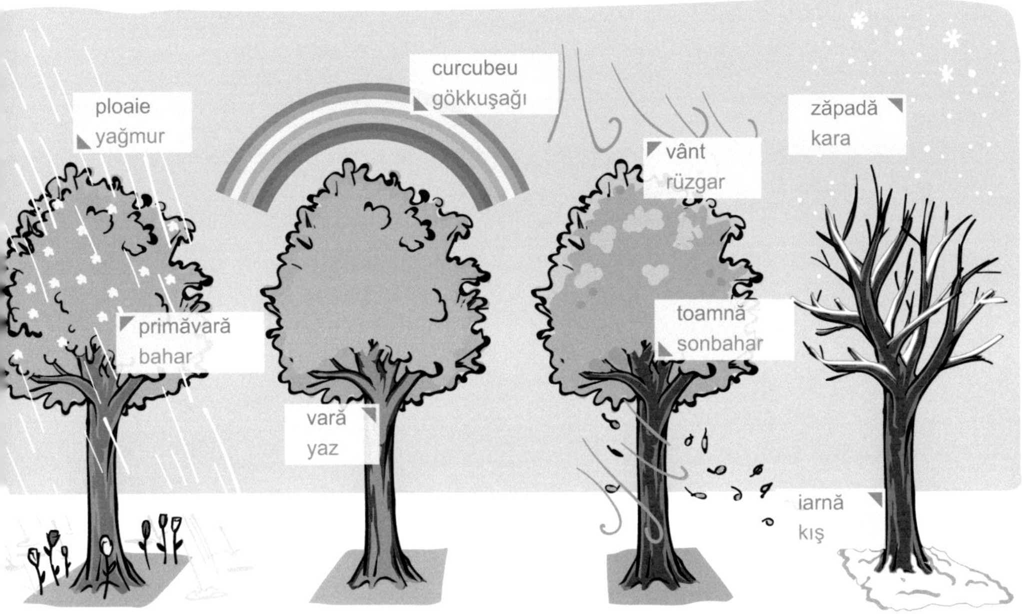

ploaie
yağmur
curcubeu
gökkuşağı
vânt
rüzgar
zăpadă
kara
primăvară
bahar
toamnă
sonbahar
vară
yaz
iarnă
kış

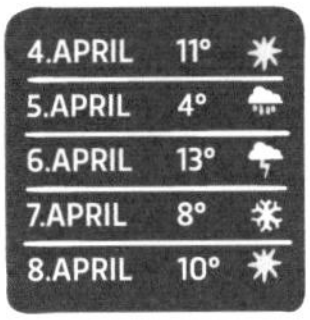

4.APRIL 11°
5.APRIL 4°
6.APRIL 13°
7.APRIL 8°
8.APRIL 10°

prognoză meteo

hava durumu tahmini

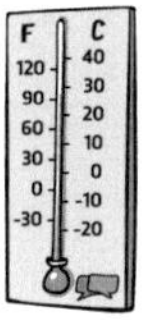

F C
120 90 60 30 0 -30
40 30 20 10 0 -10 -20

termometru

termometre

lumina soarelui

güneş ışığı

nor

bulut

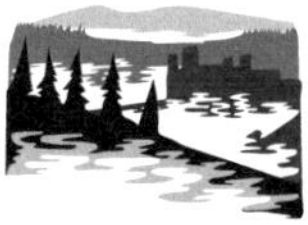

ceață

sis

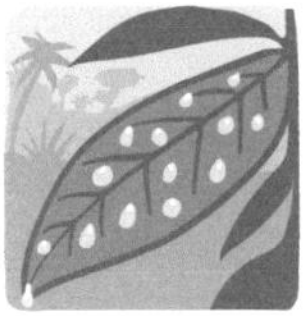

umiditate a aerului

nem

fulger

şimşek

tunet

gök gürültüsü

furtună

fırtına

grindină

dolu

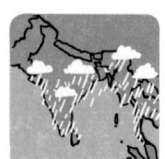

muson

muson

inundaţie

sel

gheaţă

buz

ianuarie

Ocak

februarie

Şubat

martie

Mart

aprilie

Nisan

mai

Mayıs

iunie

Haziran

iulie

Temmuz

august

Ağustos

82   an - yıl

septembrie

Eylül

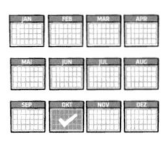

octombrie

Ekim

noiembrie

Kasım

decembrie

Aralık

forme
şekiller

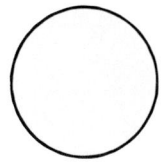

cerc

daire

pătrat

kare

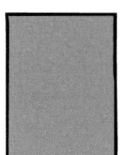

dreptunghi

dikdörtgen

triunghi

üçgen

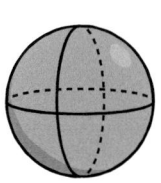

sferă

küre

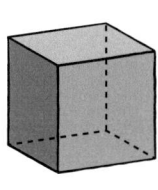

cub

küp

alb

beyaz

galben

sarı

portocaliu

turuncu

roz

pembe

roşu

kırmızı

violet

mor

albastru

mavi

verde

yeşil

maro

kahverengi

gri

gri

negru

siyah

mult/puţin

çok / az

furios/calm

kızgın / sakin

frumos/urât

güzel / çirkin

început/sfârşit

başlangıç / son

mare/mic

büyük / küçük

luminos/întunecat

parlak / karanlık

frate/soră

erkek kardeş / kız kardeş

curat/murdar

temiz / kirli

complet/incomplet

tamam / eksik

zi/noapte

gün / gece

mort/viu

ölü / canlı

lat/strâmt

geniş / dar

comestibil/necomestibil

yenilebilir / yenilemez

rău/prietenos

kötü / iyi

emoţionat/plictisit

heyecanlı / sıkılmış

gras/slab

şişman / zayıf

primul/ultimul

ilk / son

prieten/inamic

dost / düşman

plin/gol

dolu / boş

tare/moale

sert / yumuşak

greu/uşor

ağır / hafif

foame/sete

açlık / susuzluk

bolnav/sănătos

hasta / sağlıklı

ilegal/legal

yasa dışı / yasal

inteligent/stupid

zeki / aptal

stânga/drepta

sol / sağ

aproape/departe

yakın / uzak

nou/uzat

yeni / kullanılmış

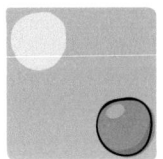

nimic/ceva

hiçbir şey / bir şey

bătrân/tânăr

yaşlı / genç

pornit/oprit

açma / kapama

deschis/închis

açık / kapalı

încet/tare

sessiz / gürültülü

bogat/sărac

zengin / fakir

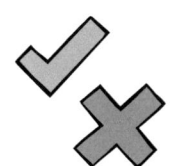

corect/fals

doğru / yanlış

aspru/neted

pürüzlü / düz

trist/fericit

üzgün / mutlu

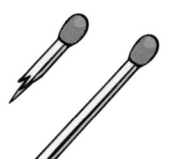

lung/scurt

kısa / uzun

încet/repede

yavaş / hızlı

ud/uscat

ıslak / kuru

cald/rece

sıcak / serin

război/pace

savaş / barış

0

zero

sıfır

1

unu

bir

2

doi

iki

3

trei

üç

4

patru

dört

5

cinci

beş

6

șase

altı

7

șapte

yedi

8

opt

sekiz

9

nouă

dokuz

10

zece

on

11

unsprezece

on bir

12

douăsprezece

on iki

13

treisprezece

on üç

14

paisprezece

on dört

15

cincisprezece

on beş

16

șaisprezece

on altı

17

șaptesprezece

on yedi

18

optsprezece

on sekiz

19

nouăsprezece

on dokuz

20

douăzeci

yirmi

100

o sută

yüz

1.000

o mie

bin

1.000.000

un milion

milyon

engleză

İngilizce

engleză americană

Amerikan İngilizcesi

chineza mandarină

Çince (Mandarin)

hindi

Hintçe

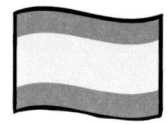

spaniolă

İspanyolca

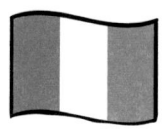

franceză

Fransızca

arabă

Arapça

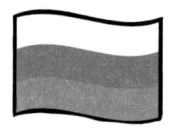

rusă

Rusça

protugheză

Portekizce

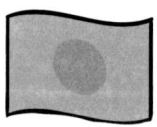

bengaleză

Bengalce

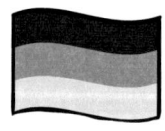

germană

Almanca

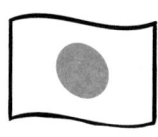

japoneză

Japonca

eu
ben

tu
sen

el/ea
o

noi
biz

voi
siz

ea
onlar

cine?
kim?

ce?
ne?

cum?
nasıl?

unde?
nerede?

când?
ne zaman?

nume
isim

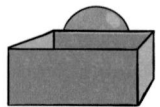

în spate

arkasında

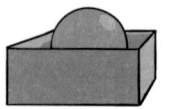

în

içinde

înainte

önünde

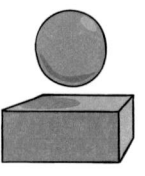

peste

üzerinde

pe

üstünde

sub

altında

lângă

yanında

între

arasında

loc

yer